lettering

이 도서의 국립중앙도서관 출판예정도서목록(CIP)은 서지정보유통지원시스템 홈페이지(http://seoji.nl.go.kr)와 국가자료종합목록 구축시스템(http://kolis-net.nl.go.kr)에서 이용하실 수 있습니다.
(CIP제어번호 : CIP2019041448)

지혜사랑 206

lettering

박정옥

지혜

시인의 말

오지 않는 것들을 위한,
글자를 도안하고 새기는 일

그것은 매일을 견디며 살아내기 위한 행위
억조경해시양구간정재극의 시간을 들춰보는 엉뚱한 눈
의 괴녁을 섭기며.

2019년
박정옥

차례

1부

2부

3부

• 일러두기
한 연이 첫 번째 행에서 시작될 때는 > 로 표시합니다.

1부

꽃의 안감

자매는 무너진 성벽 아래서 분홍 꽃을 가리키며 말했다
꽃말은 위험, 그리고 강한 독성을 지녔대요
협죽도라고도 하죠
꽃은 안감 겉감처럼 두 개의 이름과 의미를 가졌다

그날도 세 번째 그 언덕을 오르내렸다
남아있는 총탄 자국과 충돌하는 풍경
이 도시 어디서나 여백을 채우고 있는 꽃
숙소에서 가까운 리바거리를 걸었다
낡삭은 목재 유리문 가게 안을 들여다보며
옥양목에 그려진 꼬레아 풍의 꽃무늬를
복사꽃으로 읽을 뻔 했다

자다르에서 스플릿까지 오는 동안
나는 내내 꽃의 안감을 읽어 내는 중인데
창을 통과한 네모나고 화사한 햇볕은
평생 묻어둔 꽃의 시간으로 넘겨졌을까
그 시간 그곳을 지나지 않았다면
옥양목을 떠도는 꽃에 대한 시차는
또 달랐을 것인가!

유도화,

네가 이룬 꽃말은 어딘가를 통과하려고
꽃의 안감을 걸어서 다 걸어서
마른 꽃이 되는 슬픔을 건너는 중이다
마른 꽃은 치명적인 독성으로 과묵하고
발칸의 폐허에서 미어지도록 찬란했다

그 동네 이름이 아프다

추운 겨울 뜨끈한 고구마를 먹다가
함평군 손불면이 떠오르고
손을 호호 불며 입맛 다시다가
그만 가슴이 먹먹해지고
고구마가 목을 꽉 움켜잡는다

떡 방앗간 모녀가 일년 간격으로 왼손을 잃었다
모시와 쑥물로 가열하게 뿌리내린 손
매나니로 해오던 모녀의 붉은 삶을 먹어치웠다
기계는 기계의 방식으로 열쌔게 으깨어
손불면에 비 내리는 수채화를 걸었다
딸은 면목 없어 위리안치圍籬安置하고
독거노인은 딸을 향한 안테나에 귀를 세웠다
어렴성 숨겨진 수심이 어디 울타리뿐이겠는가
낭창낭창 건너오는 소문은 영롱해지고
남겨진 손이 호박넝쿨처럼 여위어 갈 때
이 세상 아주 잠가버리고 싶었을 것이다

푸른 보리밭의 수채화는
부추랑 머위 잎으로 서로를 불러들여
손수레를 밀고 당기던 장다리 밭과
건너가지도 오지도 못하는 손길 대신

가슴에 그려둔 꽃밭을 키웠다
봄의 뒤편에서 꽃으로 주고받는
긴 종아리 같은 저녁을 불러내면
‘손불면’ 모녀의 흐느낌이 훅, 꺼진다

lettering

홍대입구역 8번 출구 5분 거리
그녀가 이곳으로 강물처럼 흘러왔다

이국의 언어는 현기증의 기슭에 닿았다

여자의 한 쪽 어깨가 필기체로 휘어져 번진다
휘청이는 몸을 가누기에 좋은
여행의 기억을 누른 거니

티셔츠처럼 나눠 입을 수 없는
네 목덜미,
포르투의 저녁이 만져지는
꿈틀거리는 목 언저리에
피어나는 한 송이 스위치
숨을 들이킬 때마다 도루강의 水洞이 덜컥댄다

피할 수 없는 생의 요철마다
니들로 무늬를 짜서
발효되는 고통을 봉한다
애칭만큼 닳고 통증만큼 닮은
창문을 만들까 생각하면서

등록되지 않은 결심이 까맣게 번진다

말 방

캄캄한 입 속에서 급히 튀어 나온 말은 어둠입니다. 이목구비 또렷한 어둠 또한 고립입니다. 햇빛 차단된 식물성 몸짓으로 던지는 절벽입니다.

입 속은 그러니까 말이 도배된 엄숙한 방으로 어제도 오늘도 그제도 추상적이게 네, 모난 방에 갇혀 도착을 모르고 간략한 일생이 되려합니다. 서사가 되려합니다.

벽지처럼 서 있던 어떤 것은 불씨처럼 살아나 말과 말 사이 모방을 본뜨는 벽보가 되려합니다. 누구에게 얼굴이 되려합니다. 목소리를 끄려합니다. 그리고 격려합니다. 그리고

말의 뒤에 숨어 박수를 칩니다.
박수를 받고 튀어버립니다.

붉은 벽돌집

신기하지
연두가 막 풀려나는 오월
사슴이 소록소록 곁을 줄 것 같은 풀밭 녹야
아니, 소록도는 며칠 기대어 있을 슬픔이더군
사슴만 없을 뿐 사슴이 없다는 의심은 조금도 없더군

감금실 만령당 갱생원 검시실
얼핏 장관 이름 같고 정당 이름 같고 정치 수용소 같기도 한 건물
斷種의 검시실에 남자가 매달려 밖으로 뻗으려 기를 쓰고 있다 아닐 수도 있지
마침 붉은 벽돌에 연둣빛이 채도를 높여 활활 타고 있더군 싱그러운 불꽃
정오였지 저 붉은 벽을 집어 삼키려 담쟁이는 성질을 돋구더군
압사라 댄스 무희의 손가락처럼 나폴나폴 벽을 짚어 오르더군
꽉 문드러진 손가락으로 기어오르는 불꽃이었어
연둣빛 뼈로 자라나는 남자의 흡반이었어
코도 손도 마음도 거세된 망령
영혼을 통과하는 몸짓이더군

그해 읽은 책

오래된 팽나무를 읽었다
나의 상상을 이해하려는 잎은 상형문자로 활판되었다
오독에 따라 내면이 되어 가는 문자

포구나무라고도 불리는 열매를 씹어 먹다
세월을 받치고 있는 단단한 줄거리를 헤집고
나무의 습지 쪽으로 발목을 넣어본다
이름이 섞어 있다

어두운 수피에 대고 너희의 이름을 불러본다
이름은 서늘한 목덜미로 나를 꿴다
그해 누가 목을 매었듯이

잘못 배달된 편지가 있었다
페이지는 납작 엎드린 채였다
마을을 돌고 홀쭉해진 배낭을 멘 우체부
윷판을 벌렸던 마을사람들이 권한 잔을 뿌리치지 못했을 것이다
경남 거창군 신원면 수원리 거창난민 학살과
경남 거제군 신현면 수월리 거제 포로수용소가 확연히 다르다는 걸 몰랐을 것이다
그러나 다시 쓸어 담을 수 없는 편지

>

기다린다… 꾹꾹 눌러 쓴 활판을 기억은 분홍으로 제본해두었던 것
주석이 필요했지만 대청마루에 던져진 편지는 불쏘시개가 되고
그 나무 여태 젖어 있었는지

새들은 제 그림자에 놀라 나무의 여백으로 날아오른다
거목은 습윤성 분홍으로 감수자 없는 책으로 남았다
쓰나미처럼 몰려오는 미안한 독후감이었다

자작나무 시간

아이들이 온다
자작나무 숲이 환해진다
둥글고 환한 바깥이 몰려온다
까마득한 공중을 캐느라 의심을 모르는 숲

빛의 반대쪽이 보랏빛으로 오고 있을 때
추위를 사고 싶은 알싸한 감정이 싸락눈처럼 건너올 때
단단한 무기질 벽을 허무는 체질의 시간일 때
나는 이 시간을 자작나무시간으로 부르겠다

순전히 自作으로 놀아나는 감정찌꺼기의 패거리들을 불러
몇 겹 나뭇잎 속에 끼워 두었던
한 사람을 생각해 내는 일

아득한 충돌이겠다

사스레피

앞집 봉자언니 시집갈 때
그 나무 일찌감치 나에게 동백이였습니다
한겨울 윤기 나는 푸른 미래 같았습니다
잎의 틈 사이로 총명탕 먹은 눈알처럼 또록한 열매
그 까만 열매가 엄마들 머릿결을 만드는 줄 알았습니다
눈발이 날리는 날
아기 울음소리 들린다는
애기장 산밭에 기어올라
섬찟하게 길어지는 등짝으로
무서움 무릅쓰고 꺾어온 사스레피

빨간 종이와 젓가락만으로
꽃을 기막히게 만드는 울 언니는 걸음마 대신
동네 결혼식마다 꽃다발의 생애를 완성하기 좋아했습니다
언니 기분 따라 장미가 눈동자처럼 깊어지고
핏빛 동백이 계절을 불쑥 뚫고 올라왔습니다

나는 화동이 되어
신랑신부에게 꽃다발을 바칠 때
바르르 떨던 화관을 바라보며
모든 꽃들은 처음의 떨림으로
자신을 붙잡는 거라 믿었습니다

어디에도 없는 풍경을 스스로
만들어내는 것이라 믿었습니다

비의 발자국

고구마 심던 비닐위로
요란하게 비가 뛰어 내린다

발자국 하나로 골짜기를
순식간에 잠재워
흰색 검은색처럼
명징해지는
커다란 적막을

내 귀는
신뢰한다

아무도 없었던 게 아닌 그 밤

불을 끄고 한참 티비를 보는데
갑자기 현관에 불이 켜진다
놀랍고 섬뜩했던 처음이 있었고
짱짱한 미신을 떠올리고는 잊혀졌다
잊을만할 때 현관이 또 다시 환해진다
혼자 있을 때 흐린 낮에도 그랬다

분명 누군가 다녀간 것이다
들키려고 기척을 내고 싶었던 것이다
그러려고 먼 길을 왔을 것이다

먼 손님으로부터 그렇다면
동작이 갖춰진 저녁의 울음 같고
한숨이 엎질러진 투명한 증발 같고
손가락사이 껴있던 무게들이 스러지는
어떤 종류의 언어가 되는 밤
미동 없는 이런 질감의 저녁은
그와 나란히 턱을 괸 슬픔이 되려한다

구덩이

묵은 밭에서 수크령을 뽑자
커다란 구덩이가 생겼다
한 생이 눌러 앉았던 자리를 파내는데
오전이 달아났다

그가 나를 퍼 담을 때
개미들이 알을 물고 우왕좌왕 할 때
내 구덩이는 잠에 빠져버렸다

신작로에서 어쩌다
눈에 난 다래끼를 덤터기 씌우려 묶었고
친구가 넘어지면 웃자고 묶었던 수크령
진나라 때 누구는 은혜 갚느라 묶었고
말이 걸려 넘어져
적장을 잡아 전쟁에서 승리하고
결초보은結草報恩 이름을 얻었다는 풀

보랏빛 꽃이 피는 걸 보면
잠에 빠지는 색이구나 했다
평생을 거는 꽃색이구나 했다

적막한 집

바람의 히잡을 쓰고
달포 만에 옛집에 들렀으나
풍경은 풍경끼리 머리를 들이 받았다
문을 열고 들어가면
거미들은 사각지대에 레이다를 설치하고
매일 같이 줄을 튕기고 소리를 재단하며
침묵의 항속거리를 연결했던 것이다
썩둥벌레와 집시나방들이
창턱에서 가지런히 입적入寂하고
가족사진에도 영정처럼 고요히 테를 둘렀다
벽시계도 결박되어 영면했다

언제 들를지 몰라
문이란 문은 죄다 여미고 떠났으니
알락나방 알들을 누에처럼 묶어놓고
보란 듯 이 집의 체취를 결박했겠다
거미는 모든 기척의 침입을 어디에다 전송하는지
돌아오는 길은 앞서갔던 길을 배신하며 구부러졌다

커피생각

커피생각은 길지
두루말이처럼
한참 감기잖아

오래 푹 젖어서
커피 잔을 들여다보면
마체테 칼을 허리에 찬 소년이
뜨겁게 나를 얹어 버리잖아
눈물이 날만큼

붉고 거친 흙바닥에 맨발로
학교조차 모르는
까맣고 반들거리는
수 천 명 아이들
그 칼 하나로 거뜬히
세상을 만들어 가는 아이들
나하고 충돌하고
쌉싸름한 맛을 내잖아

커피가 식는 동안
마체테 칼을 찬 소년과
나의 거리는

잔과 입술처럼
한 대 맞은 쓴맛처럼
쌉쌀한 풍경이 되잖아

강도가 되겠어요
— 도서관

고담시 같은 책의 숲을 들어서면
물소리가 났어요
커다란 나무의 몸에서요
뉴욕의 어둠처럼
나무는 언제 여기 잠들었는지
묻지 않았어요
사실 르네, 또는 마거릿을 따라 왔죠
생각의 꼭지점이 궁금했거든요

이곳은 차갑고 부드럽고 따뜻하고 향기롭고 음습해요. 가끔 책갈피에 머물렀던 노을 같은 슬픔이 뾰족하게 뚫고 올라올 때가 있죠. 강도라는 이름에 의심이 들 때거든요. 나무끼리 잇댄 수많은 눈을 톡톡 건드리며 클레이점토 같은 말랑한 생각이 이끼처럼 덮이기를 기다려요. 서로 옆구리를 간질이듯 뻗쳐오는 가지에 모방의 출입구를 달아두죠. 수 백년 은거했던 미이라가 된 목소리를 걸치고서 일년에 한번만 와요.

수상한 손금

잔금이 많아 그런지
생각이 자꾸 갓길로 미끄러지네
한 방향으로 나아가지 못하고
갈라지고 얇아지고 늘어지는 손
사방연속무늬 손바닥이
마음 길이라며
풀을 뽑다가도 문득
버스를 기다리면서도 문득
손과 무관하게 자주 발목을 접질러서
문득 문득 낮달을 쳐다볼 때
조금은 서럽고 누추한
슬픔 쪽으로 방향을 틀고 싶었네
실업의 터널에서 오래 뒹굴다
잡풀 많은 갓길로 가지 않으려 했으나
갓길은 갓 생겨난 길 같기도 하여
꾀꾀로 뛰어 봐도 그 바닥
주저앉고 난 뒤에야 넓이를 볼 수 있었던
바닥, 그 팔딱이는 급소를 찔러보면
허투루 내민 빈손이 자주 부어올라
차라리 구체적인 손바닥을 앓았으면 했네

강으로 흐르는 기차

속도에서 떨어진 표정을 하고 달린다 기차는

물속으로 하직한다
꽃잎은
자결하는 사람처럼

매화 보러 가자해서
나는 기차 칸처럼 실려 왔다
기적소리 모퉁이 감아 도는데
원동마을을 이고 낙동강이 기울어진다
우리는 기울어진 사람
강물은 봄의 압박붕대를 풀어
내 기분으로 달아난다

매화나무 아래서 사람들은
봄을 흩뿌리느라
3월로 가는 기차의 감정을 모르고
계절을 지나는 나의 처지를 모르고
기차는 강의 세월을 모르고

의문의 근육

아침에 자고 나니
바닥에 떨어진
머리카락이 질문을 던집니다
요즘, 의문의 구체성을 모르는 나는
낚시 바늘 같은 파마머리,
그것을 질문이라 믿으며 의심하죠
질문과 의문은 뼈와 근육처럼
분명하게 엮이는
추상일지 모르죠

내게 있는 단서는 캄캄해서
헤맨 시간만큼 꿈도 낭떠러지
같은 스타일만 반복할 뿐이죠
그러나 여전히 그렇고 그런
혼돈의 시냅스를 열어젖히고 싶거든요

2부

月精橋의 밤

모를 일이다.

이곳에 서면 왜 이렇게 그리움이 마을의 불빛처럼 하나 둘씩 돋아나는지 골목길 들어서면 돌담의 적막이 별의 그물을 끄을며 앞서는지 잠시 문설주에 기대어 섰나. 몇 백년 굽은 소나무 한 척의 커다란 범선, 추억으로 궁 밖을 서성이고 내 몸에선 말굽 소리 아직도 낭산 길인데 남천 물소리 반월성을 떠밀고 가네.

당신이 있는 곳에 길이 생겨나고 당신의 등이 외롭고 넓어서 당신의 운명이 읽히고 그 길을 따라 지나간 당신의 상처를 보고 있으니 당신이 마주한 이상이며 꿈들이 아직 읽히지 못하고 여기 뒹굴고 있네 천년이면 그리움도 부러지는지 사방에서 들려오는 저 밤의 울음들 당신의 슬픔에 잠겨있는 만월은 아직도 멀기만 한데 반월성을 지척에 두고 문천에 잠들지 못한 기다란 꿈이 끙! 돌아눕는 것을 보네.

사소한 반짝임의 알고리즘

외따로 떨어진 대나무 숲
사기그릇 한 무더기 버려져 있다

해가 들이칠 때마다 쨍 웃는 사기그릇
빤닥빤닥 빛나는 수복壽福이라는 글자
소멸을 기다리는 단서처럼 웃는다

오랫동안 글자는 모로 앉아
상념의 가지를 피우고
잘려나간 감정을 돌이켜
불룩한 유전자의
개요를 만들고 있었다

속이 휜한 날은 모른 체 하고 싶었지만 그래도
대나무에 감춰진 소란에 대해서 가만히 들어 봐야 할 것 같았다

사람들은 섭새김을 하거든
선비고 노동자고 친척은 하나의 입이잖니
士一과 工一은 口寸의 유연類緣이고
밭田 위에 입口을 떠받든 글자란
우리가 매일 이마를 닦듯

내세울 것 없는 사람들이 꿈꾸는
그런 반짝임의 권당眷黨인 거지

마다가스카르에 가면

포경수술을 하는 손자를 보러 5대 할아비들이 까만 대추나무가 걸어가듯 의료봉사 천막으로 들어선다 아비까지 여섯의 대추나무들이 파란 알대추처럼 입을 활짝 열고 있다 31살 할비가 손주 손을 잡고 의사를 향해 비손을 하고 가장 윗대 할비가 손주의 표피를 성스럽게 받들고 마을로 향한다 일주일 후에 소를 잡고 마을 잔치를 치를 것이다 몸에 허옇게 재를 바르고 부적을 붙여 열이 내리기를 빈다 할비들은 손자 아랫도리에 바오밥나무 열매가 주렁주렁 열리기를 기다린다 바오밥나무를 생각하는 어린왕자는 '레날라' 숲의 어머니를 향하여 간다고 믿는다 나도 그렇게 믿는다 이 땅은 잠시 쉬어가는 곳이라는 그 할비들 말을 믿는다

변산 바람꽃

되모시 행세를 하는 이 여인들, 공개 수배합니다.

바람꽃, 숲바람 만주바람 나도바람 너도바람 바이칼바람 홀아비바람 쌍둥이바람 꿩의바람 회리바람.

종로에서 봤다는 정보가 있네요. 이웃들 말이 밤중에만 들어와서 낯선 봉고와 트럭을 타고 함께 달아나던 걸 목격했다네요. 곰소에서는 소금 되를 잘 쳐준다 하고 또 누구는 격포에서 생선 배따는 걸 봤다고도 하고 어느 바닷가 기슭에서 해루질 하다 허리 꺾였다는 흉흉한 소문이 돌더니 내소사에서 깍두기 팔짱 끼고 깔깔거리더라는 겁니다. 하 못해 경주를 거쳐 어물동 야트막한 산기슭에서 보았다는군요. 꼭 저들끼리 당을 지어 다니지만 바람처럼 신출귀몰합니다. 워낙 바람의 손을 잘 타므로 참나무덩치들이 앙증맞게 끼고 삽니다. 천마산 어디에서 한 덩치와 살림 차렸다던데 이 여인들 바람의 고아들입니다. 조심조심.

난파선 발굴 보고서

문을 열자 내부는 침몰 상태로 굳어 있었다. 일가족이 순항했던 범선의 내부는 대한민국 성장기 타임캡슐. 스카이대 영수증이나 포장도 뜯기지 않은 임관사진, 서적, 문구류들이 수 세기 누적된 지층처럼 쌓여 있었다. 몇 개의 박스에 성냥개비처럼 총총 들앉아 화석이 된 모나미 볼펜이 다량 발굴된 것으로 보아 교육을 최우선 목표로 삼았다는 것을 알 수 있었다. 책 박스마다 삼남매 이름으로 점멸하는 글씨들은 시퍼렇게 살아 햇빛을 좀먹고 있었다.

이 무거운 것들을 머리에 입력하느라 반세기가 흘렀단 말이지. 해류에 떠밀린 가죽지퍼 속에서 낡은 통장 수십 개가 굳어진 사지처럼 뻣뻣하게 드러났다. 여자가 보험사 직원이었다는 단서는 여러 권의 두툼한 노트에서 알 수 있었지만 아직은 입을 다물지 못하겠다는 듯 오른쪽 하단의 페이지마다 크게 부풀려 있었다. 큰 짐들은 어떤 물살에 휩쓸려 간 것이 분명했다.

반세기도 못되는 한 집안의 발굴현장은 꿈의 비만이었다. 수십 억 재산으로 가계가 한 순간 난파되었다는 보고서를 작성할 때 고해성사처럼 떨렸다. 비일비재로 일어나는 일이라 했다.

토끼야 가자

가죽옷 내피를 세탁기에 넣었다
겨울 내내 줄무늬 털옷을 쏘다니느라 발목이 부었다
이제 풀밭이 보이는 언덕을 간질이며 기침을 해 볼게
버려진 시간들이 한꺼번에 몰려 올 거야
이야기도 함께 구겨 넣어야지
함께 구르다 보면 오달지게 뭉쳤던 그늘이 원심력으로 솟아올라
크로바 잎의 물큰한 아귀에 맞을 거야
겨울동안 숨죽였던 눕눕한 희망을
네 커다란 귓불에 송곳니로 펀칭하며 기분을 달래 봐
우린 등으로만 움켜잡고 젖은 풀벌레처럼 퉁퉁 불어 터졌잖니

뒷면에서 등처럼 울컥해지는 현기증을 읽지는 말자
달의 분화구는 아직 비만이고
우린 낭만의 멱살이잖니

풍경 한 장

변두리 미용실은 파리 날리는 날이 드물다
머리에 터번을 두른 손님이 볼일을 보고 한참 만에 들어온다
염색이든 파마든 손님의 깔대로 나갔다 들어왔다 짙었다 옅었다한다
점심때가 되자 터번을 두른 양배추와 미역이 손잡고 들어온다
한쪽 공간에서 나른 채널들이 웅성기린다
두서없는 채널이 열리고 채널이 건너간다
예비의자에 앉은 사람은 다음순서다
택시 굴린지도 30년 넘었네
이제저제 퇴직할까 생각중야
양배추가 공무원처럼 말하고
남편처럼 표정을 바꾸어 물었다
재개발 돈 다 돌았지?
여기는 기척 없어,

각자의 채널이 공개방송되고
노련한 손은 쉴 새 없이 머리를 다듬어
표적스캔 하는 실력이 신뢰를 만든다

미역이 한 쌈을 입에 털어 넣고

채널을 건너뛰어
뭐라뭐라 손사래 친다
미용실 주인더러 같이 밥 먹자는 시늉이
머리카락처럼 수북수북 쌓인다

알제리 생각

태양이 정수리 한 가운데 있을 때 말랑하고 뜨거운 알제리를 떠올리며 젤리를 먹는다. 알제리, 알이면서 말랑한 뼈들이 입안에 버석거리는 사막, 사막은 사하라, 사하라는 사라호 태풍 같잖아. 지붕을 날리고 담을 무너뜨리고 허술한 집을 패대기쳐서 피 흘리는 사람을 들쳐 업고 뛰어가던 사람을 사하라로 생각했던, 말랑말랑 젤리처럼 오래도록 기억에서 으깨지지 않고 젤리블리 하잖아.

사하라의 주인들은 바람을 불러들여 모래 속으로 가라앉았겠지. 물푸레나무 오리나무는 파르스름 물길 따라 해안까지 갔을 테고, 그리운 수생동물은 목을 늘여 바람에 귀 기울일 테지. 모래 밖으로 쫑긋 귀가 자라겠지. 낙타처럼 눈을 감고 세상 끝인 듯 걸어보고 싶기도 하겠지.

독새둠벙

우리 동네 독새둠벙을 지나서 가는 사람은 어른이 되었지.

꿈이 소스라치며 발효되고 동네 구멍가게에 없는 우표나 물감이나 하이타이를 사러 가는 지름길에 이르면 걸음이 늦춰진다. 제 시간에 도착해야 하는 꿈속의 길이다. 독새 눈알 같은 시퍼런 沼를 보지 않으려고 눈을 질끈 감는다. 붉은 혀가 종아리를 향해 날름거린다. 비스듬 허물어지는 오금저린 꿈길이 눅눅하다.

세상 물살에 가늘한 가슴을 쓸어내린다. 대출금 공과금 독촉에 기우뚱한 현실은 자주 독새둠벙에 빠졌다. 꿈을 꾸지만 꿈이 되지 않는 섣부른 고빗사위는 삶의 표정을 압도한다. 더 이상 꿈이 열리지 않는 나의 세계 나의 표정은 둠벙 날씨로 똬리처럼 말려있다. 이번 생은 아무래도 독 맞은 흐릿한 어른이로구나.

장항사지

절벽타고 오른 가을이 기진하여 쉬어 가는 추령
나무들 생각도 숨이 차 가뭇노릇 뜨다
등 넓은 고개 감추어진 길 하나 풀려나며
내 손목 잡아 꿰도 밖으로 떠민다
고샅길 돌아 개여뀌 방자한 실도랑 건너면
말굽소리 지축을 찢고 달려오던
천년 잠이 오종종 말려간다
욱신거리는 짐속에 홍건한 울음 깔아 놓았나
훗날이 축축하다.
낮은 골짜기 세상 구석으로 내몰린 것들을 껴안는다
들풀과 바람과 미물까지 묵묵히 어깨를 받쳐 그예 탑을 오른다
긴 세월 홀로 비껴있었던 탑
저 길 끝쯤에 무연히 서성이고 있을
그대에게 가는 길이다

별이름

딸이 며칠 머물다 떠나고
이름을 눈에 두고 간 아이를
만지작만지작 하다가 멀리
100년을 훌쩍 넘긴 사람들 이름이 생각났다

내리내리 잃고 간신이 붙잡은 아이,
붙들이付乭이는 잘도 컸다던가
기다리다 또 딸이라 또봉선, 둘째 이모다
삼신할미 두루 둘러서 주시지
둘레, 우리엄마, 세째다
엄마 밑으로 아들 셋을 보았더랬다
그래서 터 잘 팔았다고 호적은 斗利

친구네 가계도 名作으로 수두룩하다
딸은 그만! 외쳐도 막순이, 말련이 생겼다며
딸딸이에 그만 도분나서 도분이,
이름이라도 아들처럼 불러나 보자 말남이
그래 그런지 급하게
재 넘다 길에서 낳았다는 아들, 질덕이
당연히 아들은 건강해야지, 건가
순하게 잠도 잘 자고 잠분
그리고

측간에서 볼일보다 낳은 분례는
기름지게 땅을 거두었다 했다

세상에 별의 별 이름 다 있다지만
별의 별 사람들은 스스로 발광 않는 긴 꼬리 유성
백년이나 멀어져 그만치서 빛났다

흔들리다

바라나시는 꽃잎이다 메리골드
나는 너무 일찍 그대 앞에 당도해 있다

이마에 찍은 붉은 점이 펄럭일 때
캄캄하게 우는 강의 물결이 선명하여
메리골드 골드 메리골드 흩날리는 꽃들의 마을
장삼도 노을도 여명의 일몰 일출도 붉게 핀다

붉은 이빨 붉은 손바닥에 소스라치고
붉은 눈동자도 강물에 먼저 흔들린 후다
죽음을 예측했던 붉은 귀퉁이로 쏠려
꽃은 스러지고 수많은 느낌표는 썩어 있다

나는 이 강물에 의해 흔들리며 돌아와
잿더미를 뒤집어쓴 주검에 올라타고
코를 박은 개의 모습으로 돌아와 있다

다시는 인간으로 태어나지 말라는
갠지스 갠지스여

도착과 이별의 순간에 걸어주는 꽃목걸이
흔들린다

부어오른 꽃

아픈 것도 힘이다
이 봄을 터뜨려야지

기침 잦은 노인들이 집 앞에서
담장을 짚고 숨을 내 몬다

와 이리 숨 차노
복수초 곪은 곳이 곧 터질라 그래요

개나리는 노란 전구를 깜박이다
푸른 잎과 혼선이 되고

눈마다 부어 오른 산수유는
하늘에 대고 열을 문지르는 중이다

성남동 거리

추운 날 옷깃을 부여잡고
성남동 인쇄소 앞을 지날 때마다
위를 쳐다본다
눈발을 맞듯이
기억을 맞듯이

일본식 기와지붕이 있던 집
이층 창문에서
란도셀 가방을 맨
세라복 여학생이
손나팔을 하고
오겡끼 데스까!

오늘도 만나지 못했다

웃음을 쏟았다

웃을 일 없는 집에서
불을 끄고 누웠는데
웃음소리가 났다
창문에서 요란하게 났다
창에 붙은 은행잎이 자지러지게 웃는다
푸른 물이 들도록 웃음을 비벼댄다
바람이 되기 알맞은 웃음이 산발을 한다
지나는 취객이 횡설수설 오줌을 누는지
가로등이 시큼한 냄새로 웃는다
은행 알에서 냄새 난다고 지랄하며 웃는다
어제 떨어진 웃음도 배꼽이 빠졌다
이 밤은 나무가 웃기에 알맞다

따가운 우리 동네 말은

‘앙가’ 앙증맞은 이름이었다. 앙가는 나이롱 분홍 티에서 스튜냄새를 풍겼다. 학교사택에 살다 밀양 어디에 있는 학교로 아버지 따라 가버린 아이, 두엄냄새를 질기게 애용했던 우리가족은 앙가네 이삿짐에 고구마 한 자루를 얹어주었다. 냄새의 층위가 다른 친구를 잃은 첫 상실이었다. 바닷가에서 뻴때추니로 놀다 고슴도치 같은 ‘앙장구’와 씨름하다 손가락에 독을 쏘였고 뒷동산에 올라 나물 캐다 찔린 ‘앙가꾸’는 머뭇거릴 기색도 없는 청보라 빛 가시였다.

내 친구 ‘향자’와 ‘성게’와 ‘엉겅퀴’는 사전에 등재되었고 우리 동네 말을 무시되었다. 촌것이라고 깔보았다. 나는 촌것이 안 되려고 우리 동네 아니고는 절대 우리 동네 말은 쓰지 않았다.

별어곡別於谷

이별이 이 별의 어느 지점을 가리키는지 몰랐다
젖어서 움푹 파인 배경을 뚫고 그대로 협궤열차처럼 끌려왔다
물기 많은 골짜기 풍경이 꽉 잡혀있다 구름이다
계절은 수 천 갈래의 이 별 밖으로 뛰어내릴 기세다
별을 준비하거나 완성하는 것은 시간은 아니다
선택이다 별과 별 사이 죽음조차
사람과 사람 사이 적절한 거리란 바람의 기체만큼 부질없다
열망을 눕히고 레일 속으로 달카당달카당
길게 휘어진 선로 끝 아득히 구름 속으로 걸어가는 것이다

3부

무슨 큰 일이 오는 것처럼

갑자기 어두워지고 번개가 친다
골목에 하늘이 누수된다
굉음과 폭우 속에 북받치듯 작달비 내리고
빗물이 골목을 떠밀고 간다
경사진 골목이 혼절하듯 쓸려간다

이런 날 빗줄기는
과속으로 질주하는 도랑을 넘쳐 목적지보다 훨씬 멀어질 것이다
골목이 소리를 만들던 익숙한 패턴으로
시끄럽고 부산한 체형으로 달려간다
장마를 플래카드로 펄럭이며
비의 소탕전이 시작된다

앞뒤 고층 아파트가 밀집한
아주 오래된 이 골목은
반세기 만에
초췌한 특집으로
대서특필을 날린다

산밭에 비

산밭에

비 다녀가시자

잘렸던 풀이

모가지 들어

성큼 키를 올리고

볼록 단추 여며

골똘함을 채우는 개망초

그득한 무게로 집요하게

칠팔월이 꽉꽉 묶여진다

학성 새벽시장

안녕하십니까
에그머니
계란이 왔어요
특란
3,500
고맙습니다 감사요

사랑하는 고객님
생오징어
계십니다
새콤달콤한 미각을
느끄보세요
맛있것다

쭈꾸미!
계십니다
활쭈꾸미
고객님
앎이 앎이
오세요

뭉글어진 골판지에 삐드렁니 글자

비린내와 주인의 삶이 굼굼하게 버무려져 지구촌 안내판이 된다
말하지 않아도 골판지는 주인의 방향을 잡고 있다

나를 멈춰주세요

기지개를 켜면서 동천강을 따라 걷습니다 기지개 한쪽이 젖습니다 맑은 물에 오리가 단면을 가르며 돕니다 뾰루퉁한 입술이 나부낍니다 커다란 나무그늘 아래 깔린 체크 담요와 피크닉 바구니에 평화가 수북하고요 이 그림을 완성하는데 50년이 걸렸습니다

자전거 길이 인도와 부딪칩니다 몸이 기억하는 반응은 슬픔보다 빠르고 정확합니다 우측통행 규칙에 어깨뼈가 더 비밀스러워집니다 길들여진 좌측이 우측을 망설이고 초등학교가 국민학교를 교화시켰습니다 수십 년 자동 출력되던 주소가 새 길의 주소를 족발처럼 뜯어 먹어버립니다 도무지 입출력 안 되는 낯선 행성의 주소들 몸 깊숙이 압인된 기억의 설계도는 몇몇의 옛날인지 모르겠습니다 이 느낌은 새지 않고 강물로 흘러갑니다 물은 오래된 지침서로 옮겨 앉습니다

요실금尿失禁

언제부턴가 꿈을 꾸면
누수가 되잖나
낡삭은 근육은
내압을 견디느라
허름한 금간 자세로
걸쇠가 삐끗할 때 출몰하는 누 떼
철컥거리는 관절 끌며
아프리카 초원에 닿으려
저만큼 압을 올리잖나
아득하여라 헐렁한 폐벽廢壁
수천 킬로를 달릴 격렬의 무리들
그래도 자유방임은 발랄하잖나
초베 공원까지
달려라! 漏! 漏!

달뿌리 풀

달에게도 뿌리가 있다는 거다
저 강물 단단히 붙잡고 있는 걸 보면
마디 하나로 닿을 수 있는 이름인 걸 보면
평생 바닥에서
기는 걸 보면

납작한 시간

텃밭 가꾼다고
쇠똥 한 무더기 부려놓고
오며가며 바라만 보다
소 눈 같은 어둠 한 구덩 퍼내고
온통 노란 밭이 된 시간에 빠져있다
네가 오는 시간은 납작한 바깥
현깃증 나는 꽃다지
쇠냉이 꽃이라 밀쳐놨던
네 꽃말이 무관심이었다고
그런 시간이었다고

맛있는 들판

하루 두 번씩 찾아도
질리지 않는 태화벌은
잘 차려진 메뉴

오색들판 버무려낸
에피타이저 전채前菜요리
아이도 어른도 편애하는
통통한 식욕이 뛰어 온다

가끔 시든 꽃이거나
팽나무, 대나무의 내력에
슬쩍! 슬픔을 버무려 넣으면
아마 여기 어디쯤 깊은 맛일 게다
이것은 오늘만 하는 이야기

그러므로 봄 여름 가을 겨울
언제든 가마솥에 푹 쪄 내는
둥근 밥상으로 와! 와!

담쟁이를 넘을 수 없나

요즘 부쩍 돌담이 시끄럽다
안팎 위치에 따라
남북으로 대치되는 돌담

조금씩 허물리는 담을 사이에 두고
말이 자라나는 겹겹의 입술이
돌담 사이 쑤셔 박혀 있다

쑤셔 박힌 말은 한줌 빗물에도
스프링처럼 튕겨나간다

저것은 풍자를 위한 계절의 과녁
푸름의 중심을 겨냥하여
곧이곧대로 넘어가려는 것과
허공에 창문을 가늠하는 것과
서로의 세계를 누르는 압력과
바람의 수평과

그러나 할 말이 많은
저 많은 청개구리들
파랗게 질리도록
돌담을 갈구어

비가 오면
정말
어쩌려고!

등대

등대 봐!!
무뚝한 한마디
등목을 하고
반창고를 붙이고
가려움을 긁어내는
보이지 않는 곳을 책임지겠다는 말

등을 대 준다는 건
서로 어긋나 있어도
지긋이 믿는다는 거
어떤 무게가 와도
그 너머를 견뎌내겠다는 거
등대, 라고 속삭이면
수평선너머 뛰는 가슴이 되는 거

거친 바다 저 멀리 바라볼수록
오롯이 섰는 어떤 생은
앞길이 막막하고
뒤가 망망대해 같을 때
영혼의 나침반처럼
막강한 배경이 되는 거

찬란이 뭐라고요

비 온 뒤 쓸려 나간 흙길을
지구의 맨살인 듯 들여다보면
은둔자의 발로 무사히 돌아온
나는 이곳에 처음 온 사람의
두리번거림

야외 카페에서 마주 앉아
서로에게 집중할 때
감금되는 표정의 꼬리

오후 두 시의 빈 방에
공간이 지르는 비명

바람이 기르는 포도넝쿨 아래
빛을 멀칭하는 잎들

떠도는 물질 위에 흐르는 말의 안녕들

섬돌지게 카페 사장은 손놈 들에 의해 정물이 되고* 쑥구가 좋아졌지만 좀은 허들시럽다. 삶은 서답맨키로 칼컬이 씻어서 장식으로 놓은 미니스푼 머그컵들을 쫄로리 앉혀 놨는데 마캉 사라지삔 뒤로 부터다. 등골 빠지게 일함시롱 손놈 손모가지 쇡히 지키기는 불가능한 거라. 노트북 꺼낸 굴레심지 손놈은 커피도 시키잖고 주문하라 캐도, 안카믄 매장 이용 몬한다 캐도, 심청도 안 한다. 어제 아래 시켜묵았는데, 글카고 얌생이 맨키로. 재끼장에 푸릉디 앉도록 항칠이나 해삐모 시푸다.

-어제 왔던 각설이 잊지도 않고 또 왔네-

누가 깨조지 같은 지를 기둘렸나. 그카고부터 손님이 손놈된 거 아이가. 한쪽 귀티서는 모가지 꺾고 앉아서 조용히 하라꼬 응티부리는 손놈도 있다. 여게가 도서관이가 왁대멸치 맹키로 뿔따구 내거로, 공부한다고 엄첩다. 암만 손놈들이 그캐도 주인이라꼬 용답시를 못하이 점두룩 손놈을 우두고 댓꺼리를 할라카이 배악지, 진차이했다 시푸다.

-외부음식 반입금지- 라꼬 보올쌔 붙여 놨는데 짐밥에 샌드위치 밴또 반찬 꺼정 한그슥 해가꼬 아예 뷔페 차릴 기세더라꼬. 쪼까내고 싶어도 말을 못하이 목구녕이 재그러바서 깔딱질만 나올라캐. 양복바지에 꼽댕이 치듯 쪼갈짐치 묵고 커피장사로 구구를 내서 돈 살라쿠이 뻴따이 같은 마누라는 요새 나보고 몰똑다 쿤다.

–가방아 내 자릴 부탁해–

오내미 같이 뺀들지게 생긴 손놈이 있더라꼬. 커플인가 빈폴인가 종이봉투만 뎅그라니 두고 나가더마는 2시간이 지나가꼬 깨깡시리 툭사리 된장내를 폴폴 풍기고 들어 옴 시롱 심청도 않더라꼬 뻔대가 백두산 찌를라 카데. 멀커대기를 쥐어 뜯어뿌고 싶더마는 복장만 뚜드리다 만다. 젤 좋은 자리 즈그가 전세 낸 것도 아임서로. 나도 수입한 여자로 근그이 장개들고 입빠이 대출내서 까닥하모 벼랑에 선 목숨이다 이삼들아.

–12인석 차지한 3인의 용사들인가–

덩치들 셋이 12인석 테이블을 차지해 가꼬 잠방을 지는데 무슨 나라 구한 사람 맹키로 곤조를 지이고, 앉을라쿠는 손님들을 아래 우로 째라 보는데 삽살개가 짖어도 자겁을 하고 달나뻘 종자들이, 볼강거리는거 보믄 나무 꼬장카리로 쌔리뿌고 싶구마는 쭈굴시러바서 세설로 내 입을 자순다. 이라까 저라까 전주다가 눈에 머시 머들거리는데 빼닫이서 사임당 하나 해껍하이 들고 다리 밑에 가서 보들보들한 조포** 한 모 장물에 찍어서 묵고 모태***에 꿀쩍****이나 구워서 한 잔 하고 디비자삐고 싶어도 아서라 신불자 무서버서 이적지 맘뿐인 거로.

* 욕심이 많고. ** 두부.
*** 석쇠. **** 석화.

오후 5시 사람

아프리카 '해뜨는 나라' 시계는
매일 해 뜨는 시간이 1시,
해가 지는 24시가 되면 하루가 끝난다.
하루치의 시간으로 일생이 배열되고
18분으로 삼백육십다섯 날을 산다는 나라

'해 뜨는 나라' 시계를 빌려 온
나는 오후 다섯 시 사람
그때 나는 마악 피어난 여름의 신발 같은 것
(서른 둘이던가)
밍밍한 바람을 맞으며
3시에 강을 건너려고 요일을 불러냈다
(아마 마흔 몇이었지)

그리고 몇 차례
차를 놓친 오후 5시를 걷어찼다
늑대와 개의 시간을 골라
저녁의 마디마디를 끓여내는 중에도
시계 속에는 없는 rhapsody

볼륨을 높이는 미래가
돌려 읽는 책 같은 거라면
나의 20년 오브제는 물컹한 꿈의 헛발질

거울을 끄다

뜸 들이지 않은

질척한 한 그릇의 책

새알처럼 톡톡 터지는 글자들이

허기를 포식하던 목록을

빠져 나가려하네

마지막 비명처럼 불을 켜고

한 그루 책을 씹었네

뒷장으로 조용히

괄호를 닫네

안녕, 멸치

멸치는 이른 아침 선창에 접안했다
선장이 지난밤의 무용담을 넘겨주는 바께스
잔챙이들의 피 튀는 전투로 비늘 무덤이 쌓였다
학공치, 고등어, 전어, 멸치의 난타전
들썩이던 바다가 짜부룩 찢어졌다

물의 시간을 꽉 부둥켜안은 멸치
횟감을 발라내는 손이 얼얼하나
칼로 회를 뜰 수 없는 멸치의 생애
힘찬 물살의 현을 울리며
대가리를 잡고 목 뒤를 찍어
손끝으로 척추를 훑어 내려가며
지느러미 없는 육신을 발라
막걸리 세례를 한다
마지막까지 결코 피를 보지 않는다

해설

통점의 서사, 그 무거운 꿈틀거림

최은묵 시인

통점의 서사, 그 무거운 꿈틀거림

최은묵 시인

자극이 고통으로 바뀌는 짧은 순간 시인의 감각은 섬세하게 예민해진다. 외적요인이 내적갈등을 일으킬 때 발생하는 에너지가 시각화를 이루는 방식은 다양하다. 이때 시인은 보이지 않는 감각을 문자로 그려내려는 시도를 주저하지 말아야 한다.

박정옥 시인의 두 번째 시집 『lettering』에는 기호마다 통증이 가득하다. 문자가 통점을 지니는 순간 그것들은 시공간의 제약 없이 꿈틀거린다. 시인의 내면을 거쳐 새로운 명命을 지닌다는 것은 "애칭만큼 닳고 통증만큼 닮은/ 창문을"(「lettering」) 만드는 것과 다르지 않다. 그러므로 '창문'은 타자의 고통에 동참하는 행위이며 동시에 세상을 관조하며 느낀 통증을 공유하려는 통로인 셈이다. 이 시집을 꿈틀거림으로 가득한 창문이라 말한다면, 박정옥 시인은 그곳을 통해 살아있음을 알리려는 사물의 몸짓을 띄우고자 하는 것이다.

시인의 '창문'은 수록된 편편마다 다른 모양과 성질을 지니고 있다. 박정옥의 첫 번째 시집『거대한 울음』이 자아의 갈등에서 파생된 통증을 뼈대로 이루고 있다면, 두 번째 시집은 타자의 울음에 기꺼이 가슴을 펼치려는 확장된 세계를 보여주고 있다. 외연을 넓히려는 시선은 보편적 공감을 담보한다. 독성을 지닌 협죽도에 크로아티아 내전의 잔상을 담은「꽃의 안감」이나, 함평군 손불떡집 모녀의 의수를 들여다보는「그 동네 이름이 아프다」등 여러 시편에서 시인의 서사를 만날 수 있다.

이렇게 시선의 방향에 변화를 가져온 구체적 원인이 무엇인지는 알 수 없지만, 심작컨대 그것은 시적대상을 체화시키는 과정에서 외부에서 발생한 자극이 어느 순간 동질의 통증으로 감지된 까닭이 아닐까 싶다.

잔금이 많아 그런지
생각이 자꾸 갓길로 미끄러지네
한 방향으로 나아가지 못하고
갈라지고 얇아지고 늘어지는 손
사방연속무늬 손바닥이
마음 길이라며
풀을 뽑다가도 문득
버스를 기다리면서도 문득
손과 무관하게 자주 발목을 접질러서
문득 문득 낮달을 쳐다볼 때
조금은 서럽고 누추한

슬픔 쪽으로 방향을 틀고 싶었네
실업의 터널에서 오래 뒹굴다
잡풀 많은 갓길로 가지 않으려 했으나
갓길은 갓 생겨난 길 같기도 하여
꾀꾀로 뛰어 봐도 그 바닥
주저앉고 난 뒤에야 넓이를 볼 수 있었던
바닥, 그 팔딱이는 급소를 찔러보면
허투루 내민 빈손이 자주 부어올라
차라리 구체적인 손바닥을 앓았으면 했네
—「수상한 손금」 전문

사유는 기다린다고 저절로 발생하지 않는다. 시인은 "손금"을 통해 삶의 여정을 비유하면서 굵고 선명한 손금이 아니라 "잔금"에 눈길을 둔다. 순간순간 선택과 결정의 과정을 반복하는 삶에서 "잔금"이 지닌 상징은 지독한 고민의 흔적이다. "사방연속무늬 손바닥"에서 "마음 길"을 찾은 까닭이 미끄러진 자아를 확인하고자 했던 것만은 아니었을 테니, "갓길"로 명명된 세상에서 새롭게 얻어낸 감각은 "주저앉고 난 뒤에야 넓이를 볼 수 있었던" 타자의 통증일 것이다. 이때 감지한 통증은 공유할 수 있는 감각이다. 다시 말해 통증은 외적 갈등과 내적 갈등이 만나는 지점에서 발생하는 몸의 언어다. 굵거나 가늘게 패인 삶의 흔적이 무수한 손바닥. 그런 손을 보여주거나 내민다는 건 손바닥에 담긴 '바닥'의 의미를 감지했다는 반증일 것이다. 이렇게 볼 때 박정옥 시인이 생각의 바닥을 더듬어 깨우친 질감을 '레터링'하고자 낮게 깔린 언어를 고른 것은 필연으로 보아도 마땅하다.

웃을 일 없는 집에서
불을 끄고 누웠는데
웃음소리가 났다
창문에서 요란하게 났다
창에 붙은 은행잎이 자지러지게 웃는다
푸른 물이 들도록 웃음을 비벼댄다
바람이 되기 알맞은 웃음이 산발을 한다
지나는 취객이 횡설수설 오줌을 누는지
가로등이 시큼한 냄새로 웃는다
은행 알에서 냄새 난다고 지랄하며 웃는다
어제 떨어진 웃음도 배꼽이 빠졌다
이 밤은 나무가 웃기에 알맞다

—「웃음을 쏟았다」 전문

눕는다는 건 가장 낮아지려는 몸짓이다. "불을 끄고" 누우면 서사가 꿈틀거리는 "창문"을 느낄 수 있다. 너머의 세상을 들여다보기 위한 "창문" 앞에 선다. 유리창에 반영된 이미지는 대칭을 이룬 자아다. '객관적인 나'이면서 동시에 '주관적인 나'를 지닌 이미지는 이쪽도 저쪽도 아닌 공간에서 독특한 화자가 되어 꿈틀거린다. 그때 시인은 데칼코마니 같은 또 하나의 자아를 통해 내적 감각을 끌어올릴 수 있다.

"웃을 일 없는 집"은 거대한 울타리를 지닌 화자의 삶을 여과 없이 드러낸 배경이다. 창문에 등장한 "웃음"은 삶의 역설적인 단편이다. 웃음은 바깥의 것이고 안쪽은 어둠의 공간이다. 안과 밖이라는 경계를 만드는 창문은 시인이 다른 세계와 만나는 지점을 상징하며, 이때 외부에서 발생한 "웃음"에 반응한다는 것은 상대적으로 내면의 결핍을 보여준다. 시인은 세계와 세계의 경계를 온몸으로 감지한다. "불을 끄고 누웠"을 때 들었던 "은행잎", "취객", "가로등", "나무" 같이 시적 공간에서의 "웃음"은 통증을 공유하기 위해 반드시 "창문"을 지나야만 하는 당위성을 지녔다고 볼 수 있다.

캄캄한 입 속에서 급히 튀어 나온 말은 어둠입니다. 이목구비 또렷한 어둠 또한 고립입니다. 햇빛 차단된 식물성 몸짓으로 던지는 절벽입니다.

입 속은 그러니까 말이 도배된 엄숙한 방으로 어제도 오늘도 그제도 추상적이게 네, 모난 방에 갇혀 도착을 모르고 간략한 일생이 되려합니다. 서사가 되려합니다.

벽지처럼 서 있던 어떤 것은 불씨처럼 살아나 말과 말 사이 모방을 본뜨는 벽보가 되려합니다. 누구에게 얼굴이 되려합니다. 목소리를 끄려합니다. 그리고 격려합니다. 그리고

말의 뒤에 숨어 박수를 칩니다.
박수를 받고 튀어버립니다.
—「말 방」 전문

「웃음을 쏟았다」에서 "나무가 웃기에 알맞"은 "밤"은 시적대상과 밀접하게 마주할 수 있는 공간이다. 이곳은 시인만의 영역이고, 이곳에서 만난 사물은 시인의 감각을 거쳐 형상을 지닌다. 그러니 「말 방」에서 만난 "어둠"은 시어詩語가 되기 이전 모든 감각을 지닌 처음의 문자이며, 그중에서 무엇이 "벽보"가 되고 "얼굴"이 되는지 주시할 필요가 있다. "급히 튀어 나온 말"은 "서사"를 이루지 못한 "일생"일 것이다. 시인은 문자가 되지 못한 소리가 생명력이 짧다는 사실을 잘 알고 있다. 사유를 품지 못한 채 "어둠"에 머무는 소리는 뿌리 없는 식물처럼 위태롭다. 하지만 "방"이 밀폐된 세계라 할지라도 시인이 온몸의 감각을 이용해 저쪽의 세계로 건널 수 있는 '창문'을 만들 수 있다는 사실은 무척 중요하다. 그리고 얼마의 밝기에서 또 어디쯤의 높이에서 만난 소리가 뿌리를 내리고 자생할 수 있는지, 시인이 찾아낸 사물들을 시집 곳곳에서 어렵지 않게 만날 수 있다.

달에게도 뿌리가 있다는 거다
저 강물 단단히 붙잡고 있는 걸 보면
마디 하나로 닿을 수 있는 이름인 걸 보면
평생 바닥에서
기는 걸 보면
—「달뿌리풀」 전문

바닥은 바닥의 몸짓으로 읽어야 한다는 사실을 시인은 알고 있다. "달뿌리풀"은 '달리다'와 '뿌리' 그리고 '풀'을 합친 이름으로 주변에서 흔하게 볼 수 있는 식물이다. 이것은

"뿌리"로 "강물"이라는 세상을 "단단히 붙잡고" 살아가는 보편적인 삶을 치환한 이미지이며, 그런 대부분의 삶은 "바닥"에서 어렵지 않게 만날 수 있음을 보여준다. 물론 본문에서는 "풀" 대신 "강물"에 비친 "달"을 차용해 바닥의 몸짓을 그려내고 있다. 이런 변주가 사물에 얹은 시인의 상상이라 할지라도 어느 순간 "달"과 "풀"은 일체된 심상을 지니며 그때 시인이 어루만진 사물은 생명을 지니게 된다.

다시 말해 시인은 '창문' 너머 세계의 어느 지점에서 공통의 통증이 발생하는지 이미 알고 있다. 물론 통증은 "티셔츠처럼 나눠 입을 수 없는"(「lettering」) 감각이다. 그렇더라도 각자 지닌 고유한 통증은 "바닥"의 문자로 더듬어 위로할 수 있다는 사실이 중요하다. 삶이 지닌 이미지는 독립적이며 "어디에도 없는 풍경을 스스로/ 만들어내는 것"(「사스레피」)임을 인지하고 있다는 것은 통증에 다가서는 방식이 계층과 상관없이 진솔한 몸짓으로 접근해야 한다는 철학을 보여준다.

텃밭 가꾼다고
쇠똥 한 무더기 부려놓고
오며가며 바라만 보다
소 눈 같은 어둠 한 구덩 퍼내고
온통 노란 밭이 된 시간에 빠져있다
네가 오는 시간은 납작한 바깥
현기증 나는 꽃다지
쇠냉이 꽃이라 밀쳐놨던
네 꽃말이 무관심이었다고

그런 시간이었다고

—「납작한 시간」 전문

박정옥 시인이 「납작한 시간」에서 보여준 "꽃다지"는 꽃이 지닌 겉모습의 수사와 달리 내면적 고립감에 번민하는 사람들의 모습을 투영한다. 즉, 시인은 바닥 낮은 곳에서 꽃을 피우는 "꽃다지"를 통해 계층과 신분에 따른 "무관심"과 차별을 꼬집고 있는 것이다. 하지만 단순히 그것에 머무르지 않고 대상을 품기 위해 몸을 낮춰 "납작한" 세계에 들어가는 시도는 앞서 보여준 시인의 사상과 일치한다. 그러므로 박정옥 시집 『lettering』은 바닥의 삶에서 찾고자 하는 낮은 곳의 언어이며 동시에 바닥과 맞닿은 삶의 통각을 섬세하게 보여주고자 하는 서사라 할 수 있다.

이런 언어는 무겁게 살아있다. 바닥에 가까운 것들의 호흡을 매만질 줄 안다는 것은 시인에게는 큰 힘이다. 이런 모습은 시인이 첫 번째 시집 『거대한 울음』에서도 살펴볼 수 있는데, "가만 등을 쓰다듬으면 미열이 만져진 것도 같아/몇 굽이 생애가 목덜미주름에서 흐느끼는 걸 안다"(「소를 보러 갔다」)라는 고백처럼 시인이 시적 대상에 다가서는 방식이 내면의 울림에 근간을 두고 있음을 선명하게 읽을 수 있다.

딸이 며칠 머물다 떠나고

이름을 눈에 두고 간 아이를

만지작만지작 하다가 멀리

100년을 훌쩍 넘긴 사람들 이름이 생각났다

내리내리 잃고 간신이 붙잡은 아이,
붙들이付乭이는 잘도 컸다 던가
기다리다 또 딸이라 또봉선, 둘째 이모다
삼신할미 두루 둘러서 주시지
둘레, 우리엄마, 셋째다
엄마 밑으로 아들 셋을 보았더랬다
그래서 터 잘 팔았다고 호적은 斗利

친구네 가계도 名作으로 수두룩하다
딸은 그만! 외쳐도 막순이, 말련이 생겼다며
딸딸이에 그만 도분나서 도분이,
이름이라도 아들처럼 불러나 보자 말남이
그래 그런지 급하게
재 넘다 길에서 낳았다는 아들, 질덕이
당연히 아들은 건강해야지, 건가
순하게 잠도 잘 자고 잠분
그리고
측간에서 볼일보다 낳은 분례는
기름지게 땅을 거두었다 했다

세상에 별의별 이름 다 있다지만
별의 별 사람들은 스스로 발광 않는 긴 꼬리 유성
백년이나 멀어져 그만치서 빛났다
—「별이름」 전문

타자에게로 방향을 옮기려는 시도는 서사를 확장시키는 동시에 보편적 울림을 이끌어낸다. 「별이름」은 사물이 지닌 속성을 이용해 여러 방향에서 갈등을 읽을 수 있는 작품으로, "이름"에 숨겨진 사회적 갈등을 표면에 드러내지 않고도 충분히 전달하고 있다.

"이름"을 짓는다는 것은 새로운 기호를 부여하는 일이다. 이때 이름은 하나의 세계로 존재하며 이름에 내재된 의미를 통해 시대의 변화를 엿볼 수 있다. 하지만 시는 이런 사실적인 접근이 아니라 그것이 지닌 느낌에 다가서는 일이다. "100년을 훌쩍 넘긴 사람들 이름" 중에서 시인이 호명한 것은 저마다 어떤 통증을 지닌 이름들이다. 당시의 시대상을 알고 웃어넘기기엔 이름에 담긴 뒷이야기가 차라리 처절하다. 이면은 비스듬한 시선으로 비집고 들어가야 한다. 똑바로 부딪치면 묵직한 설움에 부딪쳐 그만 멈출지도 모를 일이다.

통증과 통증은 세월이라는 끈으로 연결되어 있고, 그 사이는 한숨 같은 멈춤으로 채워져 있다. 이런 것들이 틈에서 삐져나와 하나의 이름으로 굳어진다. "붙들이", "봉선", "둘레", "막순이", "말련이", "도분이", "질덕이", "건가", "잠분", "분례" 같은 사람들의 세계는 이름만큼이나 낮았을지도 모른다. 그럼에도 가족을 이루고 대를 잇는 동안 누군가에겐 가장 소중한 언어였을 것이다. "스스로 발광 않는" "별의 별" 이름들을 외면하지 않고 "백년이나 멀어져" 빛을 얹고자 하는 시인의 자세는 그들의 이름보다 더 낮은 모습이지 않았을까.

자매는 무너진 성벽 아래서 분홍 꽃을 가리키며 말했다
꽃말은 위험, 그리고 강한 독성을 지녔대요
협죽도라고도 하죠
꽃은 안감 겉감처럼 두 개의 이름과 의미를 가졌다

그날도 세 번째 그 언덕을 오르내렸다
남아있는 총탄 자국과 충돌하는 풍경
이 도시 어디서나 여백을 채우고 있는 꽃
숙소에서 가까운 리바거리를 걸었다
낡삭은 목재 유리문 가게 안을 들여다보며
옥양목에 그려진 꼬레아 풍의 꽃무늬를
복사꽃으로 읽을 뻔 했다

자다르에서 스플릿까지 오는 동안
나는 내내 꽃의 안감을 읽어 내는 중인데
창을 통과한 네모나고 화사한 햇볕은
평생 묻어둔 꽃의 시간으로 넘겨졌을까
그 시간 그곳을 지나지 않았다면
옥양목을 떠도는 꽃에 대한 시차는
또 달랐을 것인가!

유도화,
네가 이룬 꽃말은 어딘가를 통과하려고
꽃의 안감을 걸어서 다 걸어서
마른 꽃이 되는 슬픔을 건너는 중이다
마른 꽃은 치명적인 독성으로 과묵하고

발칸의 폐허에서 미어지도록 찬란했다

—「꽃의 안감」 전문

"이 땅은 잠시 쉬어가는 곳이라는 그 할비들 말을 믿는다"(「마다가스카르에 가면」)라는 고백처럼 시인에게 쉼이란 함께 아파하고 함께 위로하는 시간을 공유하는 것이며, 그리고 이런 교감은 시공간을 초월하여 느끼는 삶의 근원적 논제다.

세계적으로 아름다운 도시라 불리는 크로아티아 두브로브니크의 성벽이 담고 있는 역사는 결코 아름답지만은 않다. 게다가 크로아티아 도시 곳곳에는 전쟁의 상흔들이 선명하다. 건물 벽의 총탄자국들은 아름다움 이면의 통증을 끊임없이 보여준다. 말하지 않고 그대로 보여주는 도처의 언어들은 비명보다 무겁다. 도시를 채우고 있는 "협죽도"가 제 몸 안쪽에 고스란히 담고 있는 통증의 시간에 접근하는 방식이야말로 박정옥 시인이 지닌 시적 무게일 것이다.

겉의 화려함 안쪽에 치명적 독성을 지닌 "협죽도"는 크로아티아의 역사와 완벽하게 일치한다. 가지를 잘라 어항에 넣으면 5분 만에 물고기가 죽을 정도로 강한 독성을 지니고도 겉으로는 아름다운 협죽도. 시인은 협죽도라는 꽃을 통해 '안'과 '겉'이 다른 크로아티아로 상징되는 이 세상을 예리한 감각으로 묘사한 것이다.

그리고 이러한 "꽃의 안감"은 크로아티아뿐만 아니라 대한민국 곳곳에서도 어렵지 않게 찾아볼 수 있다.

오래 된 팽나무를 읽었다

나의 상상을 이해하려는 잎은 상형문자로 활판되었다
오독에 따라 내면이 되어 가는 문자

포구나무라고도 불리는 열매를 씹어 먹다
세월을 받치고 있는 단단한 줄거리를 헤집고
나무의 습지 쪽으로 발목을 넣어본다
이름이 젖어 있다

어두운 수피에 대고 너희의 이름을 불러본다
이름은 서늘한 목덜미로 나를 꿴다
그 해 누가 목을 매었듯이

잘못 배달된 편지가 있었다
페이지는 납작 엎드린 채였다
마을을 돌고 홀쭉해진 배낭을 멘 우체부
윷판을 벌렸던 마을사람들이 권한 잔을 뿌리치지 못했을 것이다
경남 거창군 신원면 수원리 거창난민 학살과
경남 거제군 신현면 수월리 거제 포로수용소가 확연히 다르다는 걸 몰랐을 것이다
그러나 다시 쓸어 담을 수 없는 편지

기다린다… 꾹꾹 눌러 쓴 활판을 기억은 분홍으로 제본해두었던 것
주석이 필요했지만 대청마루에 던져진 편지는 불쏘시개가 되고

그 나무 여태 젖어 있었는지

새들은 제 그림자에 놀라 나무의 여백으로 날아오른다
거목은 습윤성 분홍으로 감수자 없는 책으로 남았다
쓰나미처럼 몰려오는 미안한 독후감이었다

—「그 해 읽은 책」 전문

'거창양민학살사건'은 한국전쟁이 한창이던 1951년 2월 경남 거창군 신원면, 지리산 일대에서 '통비분자'라는 혐의로 한국군이 무고한 민간인을 대량 학살한 사건이고, '거제포로수용소 폭동사건'은 1952년 5월 제76포로수용소에 수용되어 있던 공산포로들이 일으킨 일련의 소요로 무력 진압되면서 끝난 사건이다.

두 사건은 내용은 다르지만 공통점은 '한국전쟁'의 참상을 대표하는 큰 사건이라는 점이다. 시인은 이런 역사적 통증을 "팽나무"라는 사물을 통해 언급한다. 현대사의 커다란 상처는 국토뿐만 아니라 후손들의 가슴에 고스란히 남아 있다. 때론 왜곡된 사실로 "오독"을 하기도 했지만, 이제는 "세월을 받치고 있는 단단한 줄거리를 헤집고/ 나무의 습지 쪽으로 발목을 넣어"보아야 할 때라는 사실을 환기시키는 언술은 담담하면서도 먹먹하다.

노거수老巨樹 중에서 가장 많이 남아 있는 팽나무를 통해 시인이 읽고자 했던 것은 전쟁을 고스란히 지닌 나무의 내력만은 아니었을 것이다. "거목"은 과거와 미래를 연결해주는 살아있는 증표이며 "책"이다. 치유되지 않은 역사는 여전히 현재다. 진행 중인 통증은 언제 어떤 비명으로 쏟아

질지 알 수 없다. 젖은 침묵이 더 큰 비명이라는 시인의 내적 고백은 또다시 비명을 "오독"하는 일이 없기 바라는 미안함을 담기에 충분하다.

요즘 부쩍 돌담이 시끄럽다
안팎의 위치에 따라
남북으로 대치되는 돌담

조금씩 허물리는 담을 사이에 두고
말이 자라나는 겹겹의 입술이
돌담 사이 쑤셔 박혀 있다

쑤셔 박힌 말은 한줌 빗물에도
스프링처럼 튕겨나간다

저것은 풍자를 위한 계절의 과녁
푸름의 중심을 겨냥하여
곧이곧대로 넘어가려는 것과
허공에 창문을 가늠하는 것과
서로의 세계를 누르는 압력과
바람의 수평과

그러나 할 말이 많은
저 많은 청개구리들
파랗게 질리도록
돌담을 갈구어

비가 오면
정말
어쩌려고!
—「담쟁이를 넘을 수 없나」 전문

"담"은 무엇과 무엇의 경계다. 경계는 긴장을 품고 있다. "돌담이 시끄"러운 까닭은 돌담 사이에 "말이 자라나는 겹겹의 입술" 때문이다. 몸이 없이 "입술"만 존재하는 것들의 소란은 불분명하다. 늘 그랬듯이 세상은 자신만의 말만 뱉을 뿐이다. 그럼에도 "담"이 조금씩 허물어진다는 건 의미있다. 무엇과 무엇의 경계는 '안'과 '밖'의 속성을 지닌 크로아티아의 협죽도이고, 끝나지 않은 한국전쟁의 분단이고, 잔금이 많은 손바닥이다. 결국 "돌담"은 바닥에서부터 쌓아올린 인위적인 나눔이다. 하지만 "돌담"은 완벽하게 막히지 않고 성긴 상태여서 "바람"의 왕래가 자유롭다. 사람과 사람, 사회와 사회, 이념과 이념 그리고 아직도 분단 상태인 남한과 북한의 이미지까지 연결지어 읽어도 무리가 없다.

박정옥 시인이 만든 '창문' 너머의 세계는 다양하다. 그러나 그 다양함은 아픔을 위로하고 치유하고자 하는 커다란 주제를 지향한다. 이때 "청개구리"는 동질의 가치에 반대하는, 다시 말해 반대를 위한 반대의 목소리에 대한 안타까움이다. 이제는 어루만지는 것을 넘어 통증을 치료할 수 있는 방향으로 옮겨가야 할 때이다.

시집 『lettering』에서 시인이 말하고자 하는 '통점'은

"묵은 밭에서 수크령을 뽑"은 자리에 생긴 "커다란 구덩이"(「구덩이」)같은 것이 아닐까? 그래서 "몸이 기억하는 반응은 슬픔보다 빠르고 정확"(「나를 멈춰주세요」)하다는 사실을 인지하고 있는 것은 아닐까?

하나의 세계를 건너 다른 세계로 옮겨가는 과정에서 시인에게 고통은 도전이며 방향이다. 모든 자극이 통증이 되는 것은 아니라는 사실을 시인도 알고 있을 것이다. '통점'을 극대화시킨 삶이 시인의 걸음이라 할 때, 박정옥 시인은 이것을 거부하지 않고 순응하고 있음을 이번 시집을 통해 여실히 보여주고 있다. 그 걸음에 타자는 동반자다. 손과 손을 맞대는 것은 바닥과 바닥이 만나는 일이다. 그때 발생하는 에너지가 시를 쓰는 동력일 것이다. 그래서 사물을 어루만질 줄 아는 힘은 결코 높은 곳에서 얻을 수 없고 통점에서 꺼낸 언어는 묵직하다.

"등을 대 준다는 건/ 서로 어긋나 있어도/ 지긋이 믿는다는 거/ 어떤 무게가 와도/ 그 너머를 견뎌내겠다는 거"(「등대」)라는 말처럼 한동안 '통점'은 박정옥 시인이 타자와 만나는 지표가 될 것이라 믿는다.

박정옥

박정옥 시인은 경남 거제에서 태어났고, 2011년『애지』로 등단했으며, 울산대학교에서 역사문화학과 석사과정을 수료했고, 시집으로는『거대한 울음』이 있다. '변방동인' 애지문학 회원이며, 2015년 한국출판진흥원 우수출판콘텐츠 지원금을 받았다.

박정옥 시인의 두 번째 시집인『lettering』에는 기호마다 통증이 가득하다. 문자가 통점을 지니는 순간 그것들은 시공간의 제약 없이 꿈틀거린다. 시인의 내면을 거쳐 새로운 명命을 지닌다는 것은 "애칭만큼 닳고 통증만큼 닮은/ 창문을"(「lettering」) 만드는 것과 다르지 않다. 그러므로 '창문'은 타자의 고통에 동참하는 행위이며 동시에 세상을 관조하며 느낀 통증을 공유하려는 통로인 셈이다. 이 시집을 꿈틀거림으로 가득한 창문이라 말한다면, 박정옥 시인은 그곳을 통해 살아있음을 알리려는 사물의 몸짓을 띄우고자 하는 것이다.

이메일 : pjo08@hanmail.net

박정옥 시집

lettering

발　행 2019년 10월 25일
지은이 박정옥
펴낸이 반송림
편집디자인 김지호
펴낸곳 도서출판 지혜 · 계간시전문지 애지
기획위원 반경환 이형권 황정산
주　소 34624 대전광역시 동구 태전로 57, 2층 도서출판 지혜 (삼성동)
전　화 042-625-1140
팩　스 042-627-1140
전자우편 ejisarang@hanmail.net
애지카페 cafe.daum.net/ejiliterature

ISBN : 979-11-5728-370-5 03810
값 9,000원

* 본 자료는 울산문화재단 2019 책발간 지원사업의 일환으로 발간되었습니다.